NOTICE HISTORIQUE

SUR

LA BOUILLE

AU PROFIT DE L'ÉGLISE.

ROUEN.

Chez M. CAGNIARD, Imprimeur-Éditeur,

Rue Percière, 29.

1862.

NOTICE HISTORIQUE

LA BOUILLE.

D'après des manuscrits authentiques, la Bouille fut fondée par des tribus celtiques longtemps avant l'occupation romaine dans les Gaules (1). Son nom à cette époque était Bulle, qui veut dire eau rejaillissante (*aqua saliens*) (2), donné à la Bouille et à Moulineaux à cause des fortes marées; le nom de la ferme du Vrac, contiguë à la Bouille (3), indique assez que les marées étaient fortes dans ces contrées.

Cependant nous pensons que son nom actuel vient du mot latin *Bovile* (4), bouverie ou parc aux bœufs, qui lui aurait été donné à l'époque romaine; jusqu'au xiiie siècle on a dû écrire Bovile, dont on a fait Boville en français, puis Boseville ou Beuseville et même Beuzeville (5). Il y a encore à Sahurs le pré de la Bouille, ce qui prouve qu'à la Bouille il y avait une bouverie dont

(1) Archives départementales.

(2) Toussaint-Duplessis, moine bénédictin.

(3) Le nom de Vrac vient de varech, qui veut dire débris rejetés par la marée, dont on a fait vrech puis vrach ou vrac.

(4) *Dictionnaire français-latin*, de Noël.

(5) Le chemin partant de Rouen, passant par Canteleu, la forêt de Roumare et traversant Sahurs jusqu'au passage de la Bouille, est intitulé, sur l'état des chemins et le plan cadastral de Sahurs, chemin de Beuzeville à la forêt ou chemin de la Bouille à la forêt.

les pâturages étaient de l'autre côté de la Seine (1).

Mais au XIVe et XVe siècles, on écrivait Boville avec un U à la place du V, et c'est de là probablement que l'on a commencé à écrire Bouille (la).

Venons à l'histoire de cet antique petit bourg ; elle n'est pas entièrement dépourvue d'intérêt.

Le port de la Bouille est très ancien, on en parle au XIIe siècle : il remonte bien au-delà. En 1311, on y chargeait des vins comme aux ports de Moulineaux et du Grand-Couronne.

Charles d'Etampes, baron de Mauny, selon un aveu du 3 mai 1686, avait droit de port et de passage de la Bouille à Sahurs, et de Caumont à Saint-Pierre-de-Manneville, qui dépendait de la baronnie de Mauny.

Le comte de Warwick, ambassadeur d'Angleterre en 1477, envoyé à Louis XI qui se trouvait à Rouen, vint avec une suite brillante aborder à la Bouille, où il dépensa 325 livres 6 sous 6 deniers au compte du roi de France ; puis s'en retournant de Rouen en Angleterre, il s'arrêta encore une fois à la Bouille (2).

Une des plus anciennes constructions de la Bouille était la vieille halle au blé, située presqu'en face de l'église ; c'était une lourde charpente en chêne, couverte en tuiles, portée sur six gros piliers carrés en pierre à chapiteaux en tailloir ; elle servait depuis longtemps d'auberge. Ce bâtiment, qu'on a fait disparaître en 1860 pour agrandir la place, accusait le XIe siècle, époque où les grains ven-

(1) Voir le plan cadastral de la commune de Sahurs.

(2) *De le Vicomté de l'Eau de Rouen*, par M. Charles de Beaurepaire, archiviste de la Seine-Inférieure, page 27 à 419.

dus sur le marché de la Bouille alimentaient les moulins de Moulineaux alors en activité.

L'autre halle, démolie il y a environ douze ans, avait été bâtie au xve siècle ; ses huit gros pilliers cylindriques en pierre, du même genre que ceux de l'église, faisaient connaître qu'elle était de la même époque et élevée très-probablement par Jacques-Antoine, marquis d'Etampes, fondateur de l'église.

Il y avait aussi des greniers au sel, plus anciens peut-être de trois siècles, et dont on se servait encore au 12 février 1562 (1) ; on en voit les murs en pierre au bas de la côte du Bourg-Achard, à l'encoignure de la rue. Ainsi on reconnaît que la Bouille était déjà un centre de commerce et de marchés pour les grains, dont elle fut déshéritée par des localités voisines, comme elle l'avait été anciennement de son marché aux bœufs du temps des Romains.

Certains auteurs ont avancé que ce fut à la Bouille qu'on retrouva, vers le 9 mai 1203, le corps d'Arthur de Bretagne assassiné à Rouen et précipité dans les flots de la Seine, le 6 du même mois, par son oncle Jean-Sans-Terre, roi d'Angleterre et duc de Normandie. Ceux qui l'ont écrit prétendent que l'infortuné prince fut inhumé dans l'ancienne chapelle ou église de la Bouille : on ne sait rien de plus à ce sujet.

L'église actuelle de la Bouille est le commencement d'un petit édifice de style ogival secondaire du xive siècle, ce qu'annoncent ses colonnes nonocylindriques supportant les voûtes, ses fenêtres entourées de nervures à

(1) *De la Vicomté de l'Eau de Rouen,* par M. Charles de Beaurepaire, archiviste de la Seine-Inférieure, page 27 à 119.

double doucine ou à pointe mousse et accompagnées de tores ou de légères colonnettes. Cette construction néanmoins est du commencement du xve, ainsi que l'indique la note qui va suivre, nous l'insérons telle qu'on nous l'a transmise.

« Le 22 juillet 1423 (1), une pieuse cérémonie amenait un grand concours à la Bouille. Tous les gens de Caumont, de Moulineaux et les voisins des hautes terres, avec les habitants de la plaine boisée qui s'étend devant ce bourg (2), étaient là réunis dès six heures du matin pour assister à la bénédiction de la première pierre d'une église. Ils avaient mis tous les habits du dimanche, car le seigneur de la contrée les honorait de sa visite. Messire Jacques-Antoine marquis d'Etampes, vicomte de la Ferté-Imbault et baron de Mauni, seigneur et patron de la Bouille, qui dotait le pays d'une nouvelle église, était attendu avec impatience, et avec lui Monseigneur Jean de la Rochetaillée, lors archevêque de Rouen.

« Leur arrivée avait été fixée pour neuf heures du matin, mais onze heures avaient sonné au beffroi de la vieille chapelle qu'ils n'étaient pas encore là, et déjà des cris de mécontentement se faisaient entendre du milieu de la foule impatiente ; tout à coup ces clameurs font place aux accents joyeux de la multitude, les cris de : Noël ! Noël ! répétés par mille voix, frappent l'écho des carrières ; une voiture magnifiquement empanachée traverse au pas les rangs serrés du peuple, portant l'archevêque et ses

(1) Jour de Sainte-Madeleine, fête patronale de l'église de la Bouille.

(2) De Saint-Pierre de-Manneville, Sahurs et Hautot.

chapelains, et avec eux le noble et magnanime seigneur que toute la contrée avait appris à révérer et à bénir. Messire d'Etampes tendit la main au prélat à la descente de la voiture, et la cérémonie commença au chant du *Veni Creator*.

« A deux années de là, 1423, il y avait encore grand concours à la Bouille, mais, hélas ! ce n'était plus un jour de fête : le bienfaiteur du pays, le fondateur de l'église, Messire de la Ferté-Imbault était mort, et avec lui sa générosité et sa bienfaisance.

« Conformément à ses désirs, on rapportait sa dépouille glacée dans l'église qu'il avait entrepris de bâtir, et que la mort seule l'avait empêché d'achever. On croit que son corps fut mis dans un caveau près de l'autel du sanctuaire, y attendant en paix le grand jour du Seigneur.

« L'église de la Bouille fut ceinte d'une litre ou ceinture noire, sur laquelle sont peintes les armes des marquis d'Etampes (1), seigneurs et patrons du lieu, ayant droit de nomination à la cure. »

Après la mort de Messire Jacques-Antoine d'Etampes, les travaux de l'église furent interrompus, et une vieille tradition attribue cette suspension aux bandes anglaises qui commençaient alors à dévaster le pays, où leur domination ne semblait pas assise sur des bases bien durables. Depuis ces temps malheureux aucune main généreuse et

(1) Ces armes, que l'on voit encore aujourd'hui, sont champ d'or à deux pointes, de même en chevron au chef d'argent chargé de trois couronnes ouvertes de gueules, timbré d'une couronne de marquis ayant pour support deux lions d'or regardant en arrière, armés lampassés de gueules, la queue en pal.

bienfaisante ne tenta d'achever l'œuvre commencée par le noble marquis, quoique des raisons dussent y inviter fortement les membres de la famille d'Etampes ; l'église est demeurée ce que nous la voyons aujourd'hui, petite, inachevée, dans sa longueur et dans ses différentes parties intérieures (1) : autant eût valu conserver l'antique chapelle où Blanche de Castille était venue, dit-on, accomplir un pèlerinage, après avoir doté de plusieurs verrières l'église voisine, Saint-Jacques de Moulineaux.

Il est regrettable de dire que ce monument, bâti depuis quatre cent trente-cinq ans, va tomber en ruines, si l'on ne se met promptement à l'œuvre pour le restaurer. On craint tellement que l'édifice ne s'écroule, qu'on est obligé de tinter les cloches, même dans les fêtes les plus solennelles. La fabrique de l'église n'a aucunes ressources pour entreprendre les travaux de restauration ; nous comptons donc sur la sollicitude éclairée du Gouvernement pour nous aider, et sur l'appui bienveillant de M. le Préfet de la Seine-Inférieure, qui ne nous manquera pas, nous l'esperons avec confiance.

Une inscription très touchante se trouvait sur une cloche cassée à la Révolution (1793) et qui était, dit-on, aussi ancienne que l'église actuelle, cette inscription, en vers latins, était ainsi conçue :

(1) La mesure dans œuvre est de 20 mètres de longueur sur 13 mètres de largeur.

La hauteur sous voûte est de 12 mètres et de 11 mètres dans les bas-côtés.

Laudo Deum verum , plebem voco, congrego clerum,
Defunctos ploro, fulmina fugo (1), festa decoro.

Une main inconnue l'a reproduite au crayon sur une des charpentes qui soutiennent le modeste clocher surmontant aujourd'hui l'édifice, il est facile de la lire encore.

La verrière de l'abside, qui est en très mauvais état, est de l'époque de l'église, xve siècle, mais d'une facture assez imparfaite, on la dirait plutôt du xiiie au xive siècle, et ayant appartenu à l'ancienne église ; elle représente le calvaire : à droite de la croix est la très sainte Vierge, de l'autre côté sainte Marie-Madeleine, patronne de l'église.

Dans la verrière au-dessus de la Vierge, on aperçoit l'image en partie mutilée de Notre-Dame-du-Rosaire, l'une des patronnes de la charité et d'une confrérie fondée le 10 novembre 1712, érigée par le père Arnous, député de révérend père prieur des frères Prêcheurs de Rouen, assisté de dom frère Denis Lebouvier, chanoine curé de la Bouille, et de M. David Foubert, prêtre chapelain de ladite charité , selon un parchemin conservé à la sacristie (2). Vers le mois de novembre 1846, on découvrit, en faisant des réparations au pavage de cette chapelle, une pierre tombale qui avait été tournée probablement au moment de la Révolution de 93 en sens inverse de celui qu'elle occupait primitivement ; cette pierre laisse voir un

(1) On reconnait que le funeste usage de sonner les cloches pour chasser l'orage est très ancien.

(2) Cette confrérie de charité, pour inhumer les morts, existait déjà depuis longtemps et dut être fondée vers 1452 ou 1453, lors de l'expulsion des Anglais ; le patronnage de Saint-Michel, dont on invoquait la protection par toute la France, l'indique assez

chevalier ayant les mains jointes sur la poitrine, en costume du XVIe siècle , la barbe longue et pointue comme on la portait dans le temps ; l'inscription gothique qui l'entoure est à demi usée, un peu brisée et presque illisible ; néanmoins la voici telle que nous avons pu la déchiffrer :

« Cigit le corps de noble homme Guillaume de Thusail
» bourgeois de la Bouille qui décéda en paix le vingtième
» jour de féburier l'an mil cinq cent quatre-vingts. Priez
» Dieu pour le repos de son âme. »

Dans cette même chapelle, à côté de l'autel, est une partie de verrière en grisaille du XVIIe siècle ; le sujet, assez mal traité, est saint Brice , évêque de Tours, arrivant de son émigration à Rome et faisant son entrée dans sa ville épiscopale, aux acclamations de toute la population qui, quelques années auparavant , l'avait chassé avec violence ; c'est un trait de la vie du patron du donateur. Nous ignorons ce qu'il y avait dans la partie supérieure du vitrail, qui est détruite ; au bas on lit cette inscription : « Pierre Brice, écuyer conseiller du roi
» auditeur en sa chambre des comptes de Normandie, et
» Demoiselle Genevièvre Voisin, sa femme, ont donné
» cette vitre et fondé les processions et messes auxquelles
» sont tenus et obligés messieurs les échevins et frères
» de charité de faire dire. »

Sainte Clotilde est la seconde patronne de l'église de la Bouille ; une tablette de marbre noir ou plutôt deux fragments conservés à la sacristie portent ce titre : « Sainte-Clotilde, 1665. » Il est à présumer que ce n'est qu'à cette époque qu'on a érigé ou peut-être restauré un autel en son honneur.

Mais ce qu'il y a de bien curieux dans cette église, c'est une magnifique peinture de l'*Ecce homo* ; plusieurs connaisseurs et amateurs, qui l'ont vue et admirée, ont cru reconnaître en elle le tableau original, malheureusement on n'a aucune donnée certaine pour en constater l'authenticité.

Dans la nef de la chapelle Saint-Clotilde se trouve un tableau de l'apparition de Notre-Dame-du-Mont-Carmel, donné par Roger Cogent, trésorier du Saint-Rosaire, et Anne Bazin, sa femme, avec trois livres de rente, selon l'inscription au bas, du 22 mai 1644.

On conserve encore dans la sacristie de l'église un tableau synoptique des curés et de la plupart des vicaires qui desservirent cette paroisse (1) ; ce tableau remonte jusqu'à 1645, on voit plusieurs noms illustres y figurer, parmi lesquels on remarque messire Jean Lefebure, messire l'abbé Delacroisette et surtout messire Lebreton de Vertemarre, qui donna à l'église le grand tableau qui décore la contre-table du maître-autel ; c'est la conversion de sainte Madeleine ; quelques critiques ont cru reconnaître dans le visage de la sainte les traits de Mme de Maintenon.

Parmi les personnages illustres qui vinrent visiter l'église de la Bouille, nous citerons le grand chancelier Séguier qui, en 1639, s'établit dans ce bourg à l'occasion

(1) CATALOGUE DES CURÉS DE LA BOUILLE.

MM. Lebarbier, 1645 à 1660.	MM. Laurent, 1791.
Guillaume Boisnel, 1690.	Delacroisette, 1791.
Denis Lebouvier, chanoine, 1712.	Interruption de la Révolution, 1793.
Jean Lemercier, 1715.	Testu, 1801.
Jean Lefebure, 1740.	Lebreton de Vertemarre, 1804.
Nicolas Huet, 1749.	Langlois, 1805.
Gambier, 1763.	Raulin, 1806.
Asselin, 1770.	Brunel, 1841

des troubles qui s'élevèrent lors de la création des quatre cents nouvelles charges de procureur au Parlement de Paris et des autres moyens employés pour avoir de l'argent. Les habitants de Rouen se soulevèrent, il y eut une révolte en Normandie ; on l'étouffa par des exécutions militaires, et le Parlement de Rouen fut interdit pour n'avoir pas montré assez de vigueur contre les séditieux (1) ; on montre encore à la Bouille la maison qu'habitait le président Séguier, mais de son nom, on ne conserve plus qu'un souvenir bien vague.

Les anciens du pays disent qu'un prince vint se loger avec toute sa suite à la Bouille, et que de là il envoyait de temps en temps de sanglants édits de proscription contre les bourgeois révoltés de la grande ville, ce qui faisait dire assez communément à Rouen : le mauvais vent vient de la Bouille.

Cette maison, où logea le grand-chancelier, portait alors le nom du grand hôtel de Saint-Michel ; il n'en reste plus que quelques parties, occupées depuis longtemps par un boulanger ; elle avait été construite à peu près à la même époque que l'église actuelle ; son enseigne était l'image du saint, statue en bois que l'on voit encore aujourd'hui contre un poteau de cette maison, à l'encoignure d'une ruelle aboutissant à la place Saint-Michel (2).

La grande occasion de la Bouille, ou la Guerre de

(1) Selles, *Dictionnaire historique*, et Jules Janin, *Histoire de Normandie*.

(2) Souvenir encore vivant de l'expulsion des Anglais par l'intercession de ce saint protecteur de la France.

Moulineaux, est une anecdote racontée par le poète nor-
mand David Ferrand, créateur de la *Muse normande*.
Selon lui, voici ce qui se passa :

« Le 22 mars 1649, le duc de Longueville, partisan de
la Fronde, se rendit à la Bouille avec son armée, com-
posée de huit cents hommes d'infanterie, quatre cents
de cavalerie, et l'artillerie portée par eau pour aller
prendre Pont-Audemer sur le comte d'Harcourt, qui
tenait le parti du roi. Il fut atteint à la Bouille, battant
en retraite, par l'avant-garde dudit comte d'Harcourt (1),
qui fit soixante prisonniers de l'armée du duc de Longueville, puis le gros de l'armée venant à son tour pilla
et saccagea le bourg de la Bouille, qui avait donné
faveur à la Fronde. Les gens de Moulineaux, pour avoir
pris part à la guerre de la Fronde, reçurent une petite
correction de l'armée du comte d'Harcourt, qui tua
vingt-deux habitants ; mais huit soldats de l'armée royale
restèrent (2 et 3) sur la place, qui depuis ce temps
porte le nom de Champ-de-Bataille (4). »

Nous terminons cette notice en donnant l'inscription
de chacune des deux cloches actuellement dans le clo-

(1) Henri, comte d'Harcourt, de la maison de Lorraine,
Harcourt d'Elbeuf.

(2 et 3) Floquet, *Histoire du Parlement de Normandie,
Relation complète de la Bataille de Moulineaux,* par Saint-
Evremont.

(4) Un manuscrit anonyme, 1750, *Voyage à la Bouille par terre
et par mer,* cite ce champ de bataille dans l'itinéraire par terre.
Ce manuscrit appartient à M. Chevalier, propriétaire rentier
à Caumont, près la Bouille.

cher de l'église, non pas pour l'intérêt que présente leur ancienneté, mais pour constater deux faits : 1° l'époque à peu d'années près de la réouverture des églises fermées pendant neuf ans, depuis la Révolution de 1793 à 1802 ; 2° celle de la suppression de la cure de Moulineaux et la réunion de la paroisse à celle de la Bouille, au grand mécontentement des habitants de Moulineaux. Voici l'inscription de la cloche de Moulineaux :

« L'an 1804, j'ai été nommée Marie-Henriette-Félix
» par M. Jacques-Jean-Félix Ruserne, ex-maréchal-
» des-camps et des armées, et par Mme Marie-Henriette-
» Madeleine Dumonut, veuve de M. Roch-Robert de
» Saint-Gervais, carey et bénite par M. Pierre Testu,
» curé de Moulineaux ; Jean Cotel, trésorier en charge ;
» Michel Buquet, maire de la commune, et Jean Patout,
» adjoint. »

D'un côté, saint Jacques mineur, portant une croix ; de l'autre, saint Félix, évêque de Nole ; et sur le devant, Mme de Saint-Gervais, de la seigneurie de Moulineaux.

La cloche de la Bouille porte cette inscription :

« L'an 1808, j'ai été nommée Armante-Marie par
» Me Armand-Marie d'Etampes, et Mme Marie-Anne
» Bour, son épouse, et bénite par M. Gabriel-Etienne-
» Jean-Baptiste Raulin, curé de la Bouille ; Me Bluet,
» maire, et M. Louis [Chouquet, adjoints ; M. Louis-
» Bonaventure Duboc et M. Jean Lemaître, trésoriers. »

D'un côté, une croix ; de l'autre, une image de la très sainte Vierge.

L'HERMITAGE.

Au sortir de la Bouille, en montant la vieille côte du

Bourgtheroulde , à une distance d'environ six hecto-
mètres sur la gauche, au sommet d'un côteau qui domine
l'ancien cimetière de ce bourg , on trouve l'Her-
mitage.

Cette modeste habitation , que nous avons visitée
le 26 octobre 1858, est occupée par de pauvres ouvriers ;
elle se compose de deux petits corps de bâtiments du
XVIIe siècle ; celui qui est sur le bord de la route a une
certaine élévation, c'était le logement de l'hermite ; il
y a deux pièces au rez-de-chaussée, deux chambres au-
dessus, puis le grenier. Au bâtiment situé sur la rue il
y a un enfoncement pratiqué dans la muraille, ayant
plutôt la forme d'une fausse fenêtre à cintre plat , qui
servait de stalle à une statue ; il y en a encore une en ce
moment, qui est celle de l'Immaculée Conception ; elle
nous a paru être moderne ; l'autre bâtiment attenant au
premier, ayant son pignon vers l'Est, nous a paru avoir
été l'oratoire ; on y a construit une cheminée, à côté est
une espèce de cellier (1).

C'est là jadis qu'un bon hermite passait sa vie dans
l'oraison et les exercices de piété, ne subsistant que des
aumônes qu'il recueillait des passants.

De ce point, on apercevait d'un seul coup d'œil l'im-
mense et magnifique panorama de cette belle vallée ; des
plaines, des villages, des prairies, des bois, bordant les
deux rives de la Seine jusqu'à Rouen, puis cette route
de la Bouille, qui dessine les contours du fleuve, semble
le suivre à l'envi jusqu'à la vieille capitale de Normandie.

(1) Cette propriété, avec d'autres qui l'environnent, appar-
tiennent à M. Loric , de la Bouille.

L'AUDIENCE OU LE PRÉTOIRE.

Le marquis d'Etampes ayant droit de haute et basse-justice dans l'étendue de sa baronnie, son château de Mauny était le siége de la haute juridiction. La basse-justice se rendait dans un local spécial situé sur le haut de l'ancienne côte du Bourg-Achard, vendue en 1793. Cette maison est passée par acquisition à Me Hébert-Delahaye, avoué à Rouen, et sur la porte du vestibule on remarquait encore les armes du marquis d'Etampes.

BATEAUX DE LA BOUILLE.

Le service des coches d'eau de Rouen à la Bouille et retour précédèrent de quelques années les voitures de Rouen au port Saint-Ouen, avant 1595. Le roi avait fait don à quelques particuliers de la maîtrise de la voiture de Rouen à la Bouille ; à cette époque, comme aujourd'hui, des gens et des marchandises arrivaient de tous pays au bourg de la Bouille. C'est vers l'an 1830 que les bateaux de la Bouille ont cessé leur service pour être remplacés par les bateaux à vapeur. Le premier fut le *Louis-Philippe*.

Le prix des places avait été réglé par un arrêt du conseil, en date du 10 janvier 1636, et plus tard par deux arrêts de la cour du Parlement.

POSTE AUX CHEVAUX.

La poste aux chevaux, établie à l'Essart (1) sous le règne de Louis XI, avait, à ce que l'on croit, ses relais à la Bouille ; elle passait par le Bourgthéroulde pour

(1) Selon la carte de Cassini de l'année 1690.

aller au Thuit-Signol, de là au Neubourg, puis à Evreux, etc.

Beaucoup de personnes disent, en parlant de la Bouille : « Qui a vu Paris et n'a pas vu la Bouille, n'a rien vu. »

Ce vieux dicton, presque proverbial, se traduit ainsi . Autant Paris est spacieux et magnifique, autant la Bouille est laide et petite.

Aujourd'hui ce dicton n'est plus complétement applicable, car la Bouille, comme d'autres localités, a subi quelques transformations, surtout depuis que des rentiers, des négociants retirés des affaires sont venus s'y fixer; leur contact a beaucoup contribué à l'amélioration des mœurs et des usages jadis si grossiers et si ridicules.

Enfin, pour notre dernier mot, nous ferons connaître un autre proverbe très accrédité parmi les voyageurs et les promeneurs, et qui a suggéré à un touriste le sixain qui suit : Nous avertissons le lecteur que c'est une plaisanterie et de ne pas y ajouter foi; néanmoins, il faut rendre justice aux restaurateurs et aux aubergistes, ils reçoivent parfaitement bien leurs hôtes, mais ils savent aussi se tirer d'affaire :

> Voyageurs et vous touristes,
> A la Bouille si vous allez,
> Et si bien garde n'y prenez .
> Ah ! certes, sans aucun sursis .
> Non, vous ne serez pas occis.
> Mais seulement, vifs écorchés.

Nous avions oublié de parler de la rue Qui-Campait, c'est une de celles qui aient nom dans le bourg ; mais il est historique, et lui vient, à ce que nous croyons, de cette affaire du temps de la Fronde, appelée la *grande Affaire de la Bouille*, que nous avons rapportée ci-dessus ; c'est là sans doute où se trouvaient une poignée de braves réunis aux frondeurs pour y attendre le comte d'Harcourt, qui les reçut si vertement à son arrivée pour les récompenser de leur courage.

La jolie petite église de la Bouille va enfin être achevée, grâce à la sollicitude de M. le sénateur préfet de la Seine-Inférieure ; au bon appui de M. Henri Quesné, notre député au Corps législatif ; le gouvernement de Sa Majesté l'Empereur et le département viennent en aide pour les travaux qui vont être entrepris incessamment ; nous comptons aussi sur la générosité des habitants de la Bouille et des personnes riches et bienfaisantes pour terminer cette œuvre si utile, entreprise par leur bon et vénérable curé.

P. MOLET aîné,

Membre de la Société archéologique d'Elbeuf,
Visiteur du canton du Grand-Couronne.

Le 24 juillet 1862.

Rouen. Imp. CAGNIARD, rue Percière, 29.